AF294966

Martina Herbig
Nayalavee

Gottes Wille geschieht

Gedichte

Bibliografische Information der Deutschen Nationalbibliothek:
Die Deutsche Nationalbibliothek verzeichnet diese Publikation in der Deutschen Nationalbibliografie; detaillierte bibliografische Daten sind im Internet über http://dnb.dnb.de abrufbar.

Illustration: Paul Herbig

Verlag:
BoD · Books on Demand GmbH, In de Tarpen 42, 22848 Norderstedt, bod@bod.de
Druck:
Libri Plureos GmbH, Friedensallee 273, 22763 Hamburg
ISBN: 978-3-7526-2171-6

Vorwort

Nach einem Schlaganfall sitze ich nun halbseitig gelähmt ganze sieben Jahre im Rollstuhl.
Zwei verschiedene Rehakliniken und vier ambulante Ergotherapien haben meinen Körper nicht wieder zum Gehen gebracht. Ich habe mich angestrengt, oft über meine Grenzen trainiert. Doch ich kann nicht gehen.
Mir ist bewusst geworden, dass Anstrengung oder Kampf nichts bringen.
Alles liegt in Gottes Hand. Ich lerne Geduld. Und begreife, dass Gottes Wille geschieht.
Wenn es für mich gut und richtig ist, werde ich wieder gehen, wenn es Gottes Wille ist.
Ich feiere meinen neunundfünfzigsten Geburtstag. Eine Pfingstrose blüht in meinem Garten. Ich sah die Knospe einige Tage. Dann kam die Blüte. Mein Mann hilft mir, mich am Fenster hinzustellen und ich darf die erblühte Pfingstrose bestaunen. Sie hat nichts für ihr Erblühen getan. Es ist Gottes Wille, der geschieht, die Pfingstrose blüht zu meinen Geburtstag. Danke!
In sieben Jahren im Rollstuhl habe ich diese Gedichte geschrieben, die ich nun gern anderen Menschen zum lesen überreiche.
Ich habe großen inneren Reichtum in den sieben Jahren geschenkt bekommen. Und mit diesen Gedichten möchte ich gern von diesem Reichtum etwas dem Leben schenken.
Mögen die Gedichte andere berühren und inspirieren.

Gottes Wille geschieht

Eine Pfingstrose blüht
in meinem Garten.
Sie hat nichts dafür getan
als einfach zu warten.
Dann konnte es geschehen,
sie durfte erblühen.
Wie Gott es hat für sie gedacht.
Der Schöpfer hat alles vollkommen gemacht.
Wir alle dürfen in unserem Garten
darauf warten,
dass Gottes Wille geschieht.
Das Beste geschieht,
weil er mich liebt.

Es ist mein rechter Platz

Mein Geist ist frei.
Ich lade ein
den Heiligen Geist.
Er mich durchströmt
und hält mich fest,
woraufhin das Ego mich verlässt.

Mit dem Heiligen Geist
wachsen meinem Geist Flügel.
Ich breite mich aus in Liebe.
Mein Herz
fliegt in Liebe im Heiligen Geist.

Egal, wo immer ich bin.
Hier gehöre ich hin.
Auf diesen Platz
hat Gott mich gestellt.
Es ist mein rechter Platz in der Welt.
Ob immer es meinem Ego gefällt.
Mein Geist ist frei.
Ich breite mich aus
und wachse über mein Ego hinaus.
So hat Gott es für mich gedacht.
Ich bin auf meinem Platz erwacht.
Gottes Wille hat mich vollkommen gemacht.

Mein Kreuz, das ich trug

Ich habe mein Kreuz getragen,
in meinen Schicksalsjahren.
Ich drehe mich um
zu meinem Kreuz
und erkenne
in meinem Kreuz den Engel.
Mein Kreuz nimmt mich in die Arme
und trägt mich
wie auf Flügeln.
Mein Kreuz,
das ich trug,
ist der Engel,
der mich trägt
und mich heilt.
Mein Kreuz hat sich mir
als Engel gezeigt.
In Liebe habe ich mich
vor ihm verneigt.
Jetzt begreife ich mein Leid.
Es ist mein Heil.
Ich ging durch Leiden,
um zu heilen.

Durch Leid in göttliche Vollkommenheit

Das Kreuz,
das ich trug,
wie schweres Schicksal aussah,
in Wahrheit nur ein Engel war.
Er führte mich durch Zeit im Leid
in göttliche Vollkommenheit.

Mensch sei bereit

Im eigenen Leid
das Leid der anderen sehen
und verstehen.
Mitfühlend mit anderen gehen.
Mensch sei bereit
wahrhaftig zur Menschlichkeit.

Gott ist Liebe und Licht

Gott beurteilt uns nicht
und er bestraft uns nicht.
Denn Gott ist Liebe und Licht.
Nur das Ego im Urteil uns zerbricht.
Gott richtet uns nicht.
Er zu uns in Liebe spricht.

In Liebe an meinen Vater in die Ewigkeit

Hoffnungslicht

Lieber Vati,
Du warst ein kleiner Junge
und es war Krieg,
der dich aus deiner Heimat vertrieb.
Du musstest weg
von allem, was du hattest lieb.
Alles musstest du verlassen.
Ich fühle deinen Schmerz, den du als Kind hattest,
in der Generation nach dir,
als deine Tochter,
noch heute in mir.
Tiefe Liebe fühle ich in mir
und schicke sie dir,
aus meiner Zeit
in die Ewigkeit.
Lieber Vati,
ich sehe deinen Schmerz.
Er berührt auch mein Herz.
Lieber Vati,
in Liebe denke ich an dich.
Das bringt uns Heilung
und ist
ein Hoffnungslicht,
das uns verspricht,
dass die Liebe Leid und Tod überwindet.

Hand auf mein Herz

Einen großen Fehler
in meinem Leben
kann ich leider
nicht mehr beheben.
Ich habe ihn vergeben
und fühle Gottes Segen.
Ich lege meine Hand auf mein Herz
und fühle meinen Seelenschmerz.
Im Heiligen Geist wird meine Liebe groß.
In ihm lasse ich meinen Schmerz nun los.
Mit der Hand auf meinem Herz
fließen aus der alten Wunde
noch ein paar Tränen.
Ich halte sie Christus hin
und muss mich dafür nicht schämen.
Christus macht aus meinen Tränen
einen See im Friede.
In meinem Herz fühle ich tiefe Liebe.
Hand auf mein Herz,
mein Heiland hat den Schmerz
geheilt.

Weil ich Liebe bin

Wo keine Liebe ist
gehöre ich nicht hin,
weil ich Liebe bin.
Weil ich Liebe bin,
ziehe ich Liebe an.
Gleiches schon immer
zusammen fand.
Gott hat mich aus Liebe gemacht,
in Liebe bin ich erwacht.
Gott hat mich aus Liebe erschaffen,
darum bin ich Liebe.
Was Gott erschafft ist nur Liebe.
Ich lebe,
weil es Gottes Wille ist
und weil ich in Gott ewig
Liebe bin.

Gott hat mich erschaffen

Gott hat mich erschaffen
und hat alles gut gemacht.
Denn er sah,
dass es gut war.
Wir müssen es nicht besser machen
Es ist Gnade,
ein göttliches Kind zu sein.
Der Heilige Geist in mir wirkt.
Ich bin nie mehr allein,
ich bin in Gott daheim.

Mit dem Heiligen Geist

Mit dem Heiligen Geist,
sich alles schwierige
überwinden lässt.
Mit dem Heiligen Geist in mir
sich auch ein schwieriger Weg
gut geht.
Mit dem Heiligen Geist können wir gut gehen
und Wunder geschehen.
Ich darf es jeden Tag sehen.

Im Geist bin ich neu geboren

Ich weiß noch,
dass wir glücklich waren
in unseren gemeinsamen Jahren.
Wir haben uns so sehr geliebt.
Wie es dir wohl gerade geht?
Wo du wohl jetzt bist?
Ich habe dich schon oft vermisst.
Erst als ich war von dir getrennt,
habe ich dich erkannt.
Du bist ein liebevoller Mann.
Wir haben uns als reiner Geist
im Himmel Liebe geschworen.
Und im Ego auf Erden
haben wir uns verloren.
Als Geist bin ich neu geboren.
Ich weiß jetzt,
was ich damals nicht wusste.
Ich habe dich noch geliebt

als ich nicht bei dir blieb.
Ich habe dich noch geliebt
als ich mich gegen dich entschied.

Mein Geist ist neu geboren.

Mein Geist
ist neu geboren
und erkennt,
was ich habe verloren.

Mein Ego hat mich belogen
und um meine Liebe betrogen.
Mein Geist ist neu geboren.
Das Ego konnte ich erkennen
und mich aus seinen Lügen trennen.

Ich sage Ja!

Bevor ich in dieses Leben kam,
sagte ich Ja!
Als dann das Schicksal seinen Lauf nahm,
sagte ich Ja!
Ich sage: Ja!
Ich sage ja, zum Leben.
Ich sage ja, zu Gott.
Ich sage ja, zu mir.
Ich sage ja, zu dir.
Ich sage: Ja!

Der reine Geist

Der reine Geist ist es,
der unsterblich ist.
Der reine Geist zeigt das,
was du wirklich bist.

Der reine Geist
ist größer als die Zeit.
Der reine Geist
ist Ewigkeit.

Der reine Geist
wird in Liebe sein.
Der reine Geist
wird in Liebe erschaffen.
Nur der reine Geist
kann Dinge lebendig machen.

Ich öffne dem heiligen Geist meine Tür

Ich öffne dem heiligen Geist meine Tür.
Der heilige Geist tritt ein
und wirkt in mir.
So bin ich in Gottes Frieden
und kann alles lieben.

Überall sind Gottes Wunder

Ich habe am Morgen meine Augen aufgemacht,
bin erwacht nach der Nacht.
Das ist ein Wunder.
Ich sehe wie der Tag beginnt,
trotz Regenwolken
die Sonne es hell macht.
Das ist ein Wunder.
Ich kann erwacht
die Wunder sehen.
Gottes Wunder geschehen.
Wir müssen sie nur sehen.

Was zusammengehört wird im Geist
zusammen finden

Im Geist finde ich zusammen
mit den mir gesandten Seelenverwandten.
Was zusammengehört
wird im Geist zusammenfinden,
denn wir sind nie getrennt.
Was das Ego zerstört,
wird die Liebe überwinden.
Wir müssen nur die Liebe finden.
So kommt im Geist zusammen,
was zusammen gehört.

Dafür hat sich das Leiden gelohnt

Mein Ego hat sich falsch entschieden.
Ich habe mich aufgerieben.
Dann ging ich durch das Leid
und fand wieder meine Liebe.
Der heilige Geist mich führte.
Dafür hat sich das Leiden gelohnt.
Denn ohne Liebe ist alles nichts.

Sie werde immer bei mir bleiben.
Der heilige Geist mich
mit der Christusliebe verband,
dass ich heilen kann.

Ich folge dem Ruf

Bevor mein Leben begann
war mein Geist, den Gott erschuf.
Als Heilung notwendig wurde,
spürte ich meinen göttlichen Geist,
den zu heilen, Gott beruf.
Ich bin gereist
in Gottes Licht,
indem Gott Heilung und Liebe verspricht.
Ich folge dem Ruf,
um zu werden auf Erden,
wozu Gott mich schuf.

Talente sind Gottesgeschenke

Talente sind Gottesgeschenke.
Bitte bedenke
bei allem,
was du gut kannst,
es kommt aus Gottes Hand.

Heimat in Ewigkeit

Ich fühle,
einen guten Platz zu haben,
denn ich bin in Gott getragen.
Meine Heimat in Ewigkeit.
In Gott bin ich geborgen.
Gott macht Gutes aus meinen Sorgen.
Gott ist meine Heimat
in Ewigkeit.
Gott hat mir nur Engel gesandt.
In allem habe ich Gott erkannt.

Hätte ich das nur früher gewusst

Ich musste mich von dir trennen,
um später zu erkennen,
was du für mich bist.
In meinem Herzen
es dich immer für mich gibt.
Ich habe dich für ewig geliebt.
Du wirst immer der sein,
mit dem ich in Gott vereint.
Erst als ich von dir getrennt
wurde mir klar,
dass wir füreinander geschaffen warn.
Mir wurde bewusst,
dass wir Seelenpartner sind,
jeder ein göttliches Kind.
Im Leid wurde es bewusst.
Hätte ich das nur früher gewusst.
Dann wäre Mancherlei anders entschieden.
Doch im Herzen darf ich weiter lieben.
Egal ob wir zusammen sind.
In Gottes Geist
sind wir eins.
Und so wird es immer sein.
Was Gott verbindet
kann kein Ego trennen.
Aber der hohe Geist
kann sich vom kleinen Ego trennen.
Es ist mir bewusst.
Hätte ich das nur früher gewusst.
Mit Selbstvorwürfen ist jetzt Schluss.

Ich fühle den Segen

Meine Liebe und mein Leben
lege ich in Gottes Hand.
Ich fühle den Segen.
Gott hat mir immer nur Engel gesandt.
Ich fühle den Segen
in dem, was ist.
Bei Gott habe ich nie etwas vermisst.

In Liebe bist du einfach da

Du erscheinst mir im Traum.
Ein Geschenk hast du mir mitgebracht.
Ich öffne es im Traum,
in der Nacht.
Du warst Mutter meines ersten Mannes.
Wie eine Mutter warst du auch für mich.
Ich sehe dein Gesicht.
Im Geschenk finde ich ein Licht.
Es leuchtet für mich.
Ich danke dir.
Du bist gekommen
im Traum zu mir.
In Liebe bist du einfach da.
Dein Licht mir verspricht,
dass es hell ist, wo es dunkel war.
In Liebe bist du einfach da.

Es gibt nur das Leben

Es gibt nur das Leben.
Der Tod ist überwunden
mit Leben.
Jesus hat es uns geschenkt
Und das Wunder vollbracht.
Ich erlebe das Wunder im Traum
oft in der Nacht.
Da kommt einer meiner Lieben
aus dem Jenseits zu mir.
Das geht nur, weil sie leben.
Das Jenseits ist hier,
wo auch das Diesseits ist.
Es gibt nur das Leben
und das ist in Ewigkeit.
Überwunden sind Raum und Zeit
durch Leben.
Es steht unter Gottes Segen.

Wir sind Eins

Mein Lieber,
ich habe dich rufen gehört.
Du hast mich gehen lassen
als ich von der ging.
Du hast mich nicht festgekrallt.
Du hast keine Fäuste geballt.
Dein Ego hat geschwiegen.
Du konntest mich weiter lieben.
Wir sind Eins.
Das war dir bewusst.
Eine Trennung der Körper
ist nicht der Schluss.

Wir sind Eins
und im Geist
bleiben wir vereint.

Mein Lieber,
du hast mich gerufen.
Ich habe dich im Geist gehört.
Und wenn ich dich rufe,
hörst du mich.
Dann fühle ich dich,
deine Wärme, deine Liebe.
Wir sind Eins
und in Gottes ewigem Friede.

Gottes Gnade

Gottes Gnade
ist sein barmherziges Geschenk
an uns Menschen.
Der Heilige Geist in uns wirkt
allein durch Gottes Gnade.

Wir dürfen Gottes Gnade stets empfangen.
Gott wird dafür nichts verlangen.
Wir müssen sie uns nicht verdienen.
Wir empfangen Gottes Gnade
aus seinem Frieden.
Alles ist, um zu lieben.
In Gottes Gnade liegt jede Gabe
für die ich danke sage.

Das Ego habe ich verbannt

Das Ego habe ich verbannt.
Es hat mich nicht gekannt.
So kann es mir nicht dienlich sein.
Es hat mich belogen und betrogen.
Der Heilige Geist darf in mir wirken.
Er gibt mir Kraft und Liebe.
So bin ich in Gottes Friede.
Das Ego kann Gottes Friede nicht ertragen.
Nun hat es in mir nichts mehr zu sagen.
In mir ist Liebe.
Das Ego habe ich verbannt.
Ich empfange die Liebe aus Gottes Hand.

Alles zu wagen

Warum hast du nicht längst schon getan,
was du immer schon tun wolltest?
Wann ist es endlich dran?
Hat dir dein Ego abgeraten
von deinem göttlichen Plan?
Möchtest du es nicht mehr wagen?
Hast du dich nicht getraut?
Worauf hast du dein Leben aufgebaut?
Auf die Dunkelheit des niederen Selbst?
Dann verlasse es schnell
und folge dem göttlichen Geist
des höheren Selbst.
In Licht und Liebe,
ohne klagen,
kannst du hier alles wagen.
Denn du bist in Gott getragen.
Das niedere Selbst macht dir Angst.
Das höhere Selbst ist deine Chance.
Mit Gott kannst du alles wagen.
Denn in ihm bist du in Liebe getragen.
Liebe ist die einzige Chance
zu überwinden jede Angst.

Herzenstüren

Die Sonne geht unter.
Der Tag ist vorbei.
Die Nachtigall
singt ein Abendlied.
Es berührt mich tief.
Ich habe gut zugehört.
Es klingt
wie ein Gebet
auf meinem abendlichen Weg.
Keiner ist allein.
Die Nachtigall ist in meinem Geist.
Wir sind alle eins.
Im Außen und Innen.
Ich höre die Nachtigall singen.
Ich kann die Liebe in mir spüren.
Ich bin erwacht
auf dem Weg
vor der Nacht.
Der Schöpfer
hat alles vollkommen gemacht.

Die Führung in meinem Leben

Gott
hat mir
den Heiligen Geist gesandt,
der mich mit ihm für immer verband.
Ich habe ihn erkannt.
Er übernimmt die Führung in meinem Leben.
Ich stehe unter Gottes Segen.
Der Heilige Geist wird mich lenken.
Im Heiligen Geist darf ich fühlen und denken.

Gott hat mir alles gegeben

Gott hat mir alles gegeben,
was ich brauche
in diesem Leben.
Als mein Leben war zu Ende,
hauchte Gott mir seinen Atem ein.
Und es kam die Wende.
Der Tod ließ mich frei.
Mit Gott bin ich nicht allein.
Zu einem neuen Leben
bin ich erwacht.
Das hat Gott gemacht.
Meinen Geist mit dem seinen verbunden,
habe ich die Dunkelheit überwunden,
Licht und Liebe in Gott gefunden.
Gott hat mir alles gegeben.

Als meine Füße nicht mehr konnten gehen

Als meine Füße
nicht mehr konnten gehen,
habe ich Gottes Liebe gesehen.
Ich durfte mich entscheiden
für Liebe oder Leiden.
Ich habe mich für die Liebe entschieden.
So bin ich gelandet in Gottes Frieden.

Gott uns die Liebe zeigt

Gott ist nicht unsichtbar.
Er ist immer da.
Manche nehmen ihn nur nicht wahr.
Vielleicht wollen sie lieber bleiben
im Leiden,
von dem die Liebe befreit.
Gott uns die Liebe zeigt.
Mensch sei bereit,
nutze deine Zeit
auf Erden,
um Liebe zu sehen
und Liebe zu werden.

Heimweh

Ich bin von dir getrennt.
Das, wohin ich ging,
blieb mir immer fremd.
Bei dir war ich daheim.
Viel zu spät sah ich es ein.
Ich hab Heimweh.
Ich verstehe,
dass Heimat keine Orte sind.
Heimat ist Liebe.
Gott hat uns füreinander erschaffen.
Mein Ego wollte es besser machen.
Das Ego kann keine Liebe erschaffen.
Es vergeht die Zeit.
Heimweh bleibt.

Muttertag

Ich bringe Blumen
zu meiner Mutters Grab,
heute, am Muttertag.
Mein inneres Kind
an meiner Seite steht
und sanft eine Melodie einstimmt.
Im Baum über uns eine Amsel singt.
Wie schön das klingt.
Die Amsel und mein inneres Kind.
Heute, zum Muttertag
an meiner Mutters Grab.
Meine Mutter ist da.
Ich fühle ihre Liebe
und ihren Segen.
Sie ist für mich die beste Mutter
in meinem Leben.
Die einzig richtige
für mich.
Gott hat sie für mich erwählt.
Da gibt es nichts, was fehlt.

Mit meinem Schöpfer eins

Gott hat mich in Liebe erschaffen.
So darf auch ich Liebe sein.
Denn ich bin
mit meinem Schöpfer eins.

Heilung liegt in Gottes Hand

Ich nehme meine Seelenaufgabe an.
Das ist Gottes Plan,
dass ich heilen kann.
Gottes Wille
ist auch der meine.
Ich muss nicht leiden.
Ich darf heilen.
Heilung liegt in Gottes Hand.

In meinem Herzen wird es warm

Ich bete um Heilung für eine Schwester
im Leben.
Ich werde berührt,
ihr zu geben,
was sie braucht.
Sie sitzt mir gegenüber.
Als die Zeit vorüber,
nimmt sie mich dankbar in den Arm.
In meinem Herzen wird es warm.
Heilen geht
nur im wahrhaftigen Gebet.

Alles darf in Liebe geschehen

Ich habe gelernt,
mit den Augen der Liebe zu sehen
und geübt,
Liebe zu verstehen.

Alles darf in Liebe geschehen.
In Liebe zieht der Christusgeist in mich ein.

Ich fiel in Gottes Hand

Das Leben ließ mich fallen.
Im dunklen Tal des Lebens habe ich erkannt,
ich fiel in Gottes Hand.
Als ich nicht mehr konnte gehen,
konnte ich nicht klagen,
denn Gott hat mich getragen.

Liebe geht nicht verloren

Ich habe in mir Liebe gefunden,
kann sie verschenken.
Sie geht nicht verloren.
Wenn ich Liebe verschenke,
wird neue geboren.
Liebe kann keiner verschwenden.
Wir empfangen sie,
wenn wir sie schenken.

Beziehungen

Beziehungen, die das Ego macht,
sollen Erwartungen erfüllen.
Sie können den Hunger nach Liebe nicht stillen.
Wo das Ego herrscht
ist leer das Herz.
Leere Herzen kann ein Ego nicht füllen.

Beziehungen, die der Heilige Geist gemacht
sind in Liebe erwacht.

Beziehungen sind nicht zum Zweck,
wie ein Ego denkt.
Beziehungen sind das,
was die Liebe schenkt.
Liebe kann heilen.
So können Beziehungen
heilig werden
auf Erden.

Die Liebe sich darf entfalten

Menschen, die Liebe ins Leben geben,
sind ein Segen.
Sie sind selbst in Liebe gehalten,
weil die Liebe sich darf entfalten.

Der Mensch, der du bist

Geburtstag feiern
heißt auch
Gott zu danken
für das Leben,
das er dir hat geschenkt.
Du bist aus dem Gedanken
deines Schöpfers entstanden.
Nun kannst du werden
auf Erden
der Mensch,
der du bist.

Liebesenergie

All die lieben Menschen sitzen hier.
Sie sind gekommen wegen mir.
Zu meinem Geburtstag
haben sie sich auf den Weg gemacht.
Wünsche und Geschenke haben sie mitgebracht.

Sie sind da, weil sie mich lieben.
Und ich liebe sie.
Wir baden in Liebesenergie.

Wo die Engel sind

Engel stehen uns zur Seite.
Engel gehen uns voran.
Engel dürfen uns begleiten
auf der Lebensbahn.

Wo Engel uns begleiten,
gehen wir gut, auch durch Leiden.
Wo wir Engel sehen,
können Wunder geschehen.
Darum, liebes Menschenkind,
gehe dahin,
wo die Engel sind.

Den Himmel auf die Erde bringen

Meine Füße wurden mir genommen,
um in gutem Geist zu kommen.
Mein Geist lernte fliegen.
Ich sollte nicht gehen, sondern lieben.
Den Himmel auf die Erde bringen,
dafür sitze ich und darf nicht springen.
Und wenn mir meine Füße zurückgegeben,
kann ich in Liebe gehen.

Alles macht einen Sinn

Es gibt für mich einen Plan.
Ich nehme ihn an
und halte mich daran.
Ich werde in Gottes Liebe
zurück verbunden
und habe die Dunkelheit
überwunden.
Alles macht einen Sinn
und ich erkenne
wer ich bin.

Tränen

Ich werde mich meiner Tränen
nicht schämen.
Tränen sind das Wasser der Seele.
Sie waschen von ihr,
womit sie sich quälte.
Tränen sind der Schlüssel der Türen,
die in Herzen führen.
Tränen müssen fließen,
dass sie aufschließen,
die Türen,
die uns sonst fest machen
und verhärten.
Tränen lassen uns erwachen
und waschen uns weich.
Tränen lassen Gefühle strömen,
dass sie wieder fühlbar werden
im Menschen auf Erden.

Die Liebe ist noch tief in mir

Vor tausend Jahren
Gott unsere Seelen verband.
Wir sind Seelenverwandt,
in Ewigkeit verbunden.
In vielen Leben haben wir uns wieder gefunden.
Die Prüfungen der Dunkelheit kamen mit Wucht.
Manchmal wurde unsere Liebe vom Satan verflucht.
In tiefem Tal ging ich durch Seelenqual
Und konnte mich erinnern
was da war,
vor tausend Jahren.
Die Liebe ist noch tief in mir.
Die Dunkelheit hat das Licht nicht verdunkelt.
Das Licht der Liebe ist geblieben,
es konnte über dem Dunkel siegen.
Ich konnte die Liebe im Tal des Lebens bewahren
und durfte erfahren,
das Licht der Liebe keine Dunkelheit bricht.
Gütiger Gott,
du hast meine Liebe gesegnet
und den Weg ins Herz für mich geebnet.
Die Liebe ist noch tief in mir.

Meine Freundin ist nicht tot

Der Tod versuchte
eine Wand zwischen uns zu schieben.
Der Heilige Geist konnte sie besiegen.
Er kam in Liebe und
löste sie auf.
Wir sind Freunde,
verlass dich drauf.
Der Tod konnte uns nicht trennen.
Im Heiligen Geist sind wir eins.
Jenseits und Diesseits sind eins.
Meine Freundin,
du bist nicht tot.
Du lebst nur in einer neuen Welt.
Ich finde dich im Heiligen Geist.
Im Friedwald sitze ich im Rollstuhl
neben dem Moos,
unter dem deine Urne in der Erde ruht.
Ein kleiner Ast über mir
streichelt mein Haar.
Da bist du ja.
Und draußen leuchtet ein Regenbogen am Himmel.
Die Brücke zum Jenseits zeigt sich.
Ich habe die Botschaft empfangen.
Du lebst nicht weit von mir.
Und ich bin hier
und fühle dich.
Du bist immer noch da.

Du bist mir nah.

Wünsche werden in Gottes Wille wahr

Wenn Gottes Wille darf walten,
wird sich alles zum Besten gestalten.
Es gibt kein Ego mehr.
Es darf alles in Liebe sein.
Dann sind wir eins.
Unser Geist wird im Heiligen Geist klar.
Unsere Wünsche werden in Gottes Wille wahr,
weil Gottes Plan unseres Geistes Wünsche sind.

In Gott darf unser Geist erwachen

Gott erschafft uns kein Leid,
er zeigt uns Erlösung aus diesem.

Leid hat das Ego gemacht.
Gott hat nur Liebe erschaffen.
In Gottes Liebe darf unser Geist erwachen.

Der Himmel sendet Zeichen

Die Sonne malt mit Licht
eine Lemniskate in die Wolken.
Unendliche Liebe erstrahlt.
Ich darf ihr folgen.
Der Himmel sendet Zeichen.
Wir müssen sie nur sehen.
Ich hatte gerade an Liebe gedacht.
Und zu den Wolken die Augen aufgemacht.
Da hab ich das Zeichen der Liebe gesehen.
Zeichen des Himmels müssen wir nicht suchen.
Wir dürfen sie finden,
wenn wir den Unglauben und Zweifel des Ego
überwinden.

Im Geistesselbst ist Glaube,
den der heilige Geist schwingt.
Dann sehen wir die Zeichen,
die der Himmel uns bringt.

Christus ist gekommen

Christus ist gekommen,
um uns zu erlösen
von allen Bösen.
Christus ist gekommen.

Ich habe ihn angenommen.

Christus ist in mir.
Die Heilung ist hier,
wo Christus ist,
ist Heilung, Licht und Liebe.

In der Stille

In der Stille
kann entstehen
Gottes Wille,
in uns der Heilige Geist wirken kann.

Der Heilige Geist
vollbringt das Große
im Kleinen,
in der Stille.

Ich bin ein Zeuge

Ich bin ein Zeuge,
dass es Gott gibt.
Ich bin ein Zeuge,
dass Gott mich liebt.
Er hat mich vollkommen gemacht.
In seinem Licht bin ich aufgewacht.
Er hat mir ein neues Leben
gegeben.
Ich bin ein Zeuge
für seinen Segen.
Er ließ mich mein Schicksal tragen,
ohne zu klagen.

Ich bin ein Zeuge,
dass es Gott gibt.
Ich mache Platz in mir.
Platz in mir für das,
dass Gott hat erschaffen.
Der Heilige Geist zieht in mir ein.
Ich leuchte im Licht.
So lässt es Gott sein.
Ich bin ein Zeuge,
dass es Gott gibt.

An diesem Ort wohnt Gott

Es ist ein Ort in mir,
da ist alles gut.
Es gibt einen Ort in mir,
da ist alles vollkommen.
Es gibt einen Ort in mir,
da wohnt Gott.
An diesem Ort finde ich alles, was ich bin.
An diesem Ort macht alles Sinn.

Ich bin wieder auf dem Weg

Ich bin wieder auf dem Weg,
sehe wo lang er geht.
Ich habe sie angenommen,
meine Gottesgeschenke
und lebe sie, meine Talente.
Ich bin wieder auf dem Weg,
fühle, wo lang er geht.

Es ist mein Weg

Ich bin angekommen
auf meinem Weg.
Es war mit Gott so abgesprochen.
Ich musste geben mein Gehen.
Und erst dann konnte ich meinen Weg mit klarem
Geist sehen.
Ich bin nicht zerbrochen.
Ich bin ganz geworden.
Ich kann sehen
und verstehen,
dass alles gut war, wie es war
und das alles gut ist, wie es ist
und das alles gut ist, wie es wird.
Es wird gut mit Gott.
Es ist mein Weg,
der sich gut mit Gott geht.

Es gibt nichts zu fürchten

Es gibt nichts zu fürchten,
denn Gott ist bei mir,
wo immer ich bin,
was immer auch ist.
Gott wird immer bei mir sein.
Und ich darf in Gott sein.
Ich bin niemals allein.
Es gibt nichts zu fürchten.

Ich sehe in Gottes Angesicht

Ich sehe in eine Welt,
die nur Liebe ist.
Dann sehe ich Gottes Welt.
Sie ist erhellt.
Hier ist nur Licht,
das die Dunkelheit vertreibt.
Ich sehe in Gottes Angesicht.
Allein Licht und Liebe bleibt.

Jede Ursache ihre Wirkung hat

Gott geht mit mir,
wo immer ich gehe.
Gott lässt mich schauen,
wo immer ich hinsehe.
Ich erkenne,
dass jede Ursache ihre Wirkung hat.
So findet das Leben statt.
Vor meinem Erkennen
beschützt Gott mich nicht.
Er macht mir in der Dunkelheit Licht.
Gott lässt mich das Leben selbst erkennen.
Ich entscheide zwischen Licht und Dunkel.
Ich entscheide zwischen Liebe und Angst.
Gott gibt mir mit dem Leben die Chance,
und ich erkenne, dass
jede Ursache ihre Wirkung hat.
Mit Gott findet mein Leben statt.

Mein Wille ist Gottes Wille

Gott hat in mir Licht erschaffen.
In Demut sehe ich das Licht,
das ich bin,
in Gottes allmächtiger Größe.
Mein Wille ist Gottes Wille.
Als göttliches Licht
will ich das Licht sein,
das ich bin,
weil Gott es erschuf.
So hat es Gott für mich gedacht.
Als Licht bin ich erwacht.
Mein Wille ist,
dass Gottes Wille geschieht.

Ich bin mit Gott erwacht

Ich danke Gott
für mein Leben.
Ich darf so viel haben
aus Gottes liebender Hand.
Gott sei dank,
für alles, was ich bin.
Alles, was ich bin,
hat Gott gemacht.
Ich bin mit Gott erwacht.

Gottes Wille geschieht in jedem Moment meines Lebens

Gott hat mir nur Engel gesandt.
Manche sind seeleverwandt
und sind mir bekannt
aus früheren Leben.
Gott hat auch mich gesandt,
dass ich geben kann,
was ich habe zu geben.
Und alles wird gelenkt
im Plan des Lebens
und liegt in Gottes Hand.
Gottes Wille geschieht
in jedem Moment
meines Lebens.
Ich werde gelenkt
durch Gottes Wille
in meinem Leben.

Schlusswort

Diese Gedichte sind entstanden in meinen Schicksalsjahren im Rollstuhl. Bei Gott fand ich Trost und Halt. Und ich weiß, wenn es Gottes Wille ist, werde ich wieder laufen.
Ergotherapie soll mir helfen, mich wieder zu bewegen. Doch der Erfolg stellt sich nicht ein.
Ich bin im Rollstuhl weicher geworden in Seele und Geist. Doch mein Körper wurde steifer. Und durch Therapie des Körpers verändert sich daran nichts. Ich habe erkannt, dass Therapien, die die Materie beeinflussen wollen, erfolglos bleiben.
Therapie braucht einen Spirit. Diesen Spirit finde ich für mich in meinem hohen Selbst und im Heiligen Geist, der mich mit Gott verbindet.
In meiner Weichheit aus meinem höheren Selbst sind diese Gedichte entstanden. Diese Worte sind nicht allein von dieser Welt. In jedem Moment meines Lebens geschieht Gottes Wille und jeder Moment ist gelenkt. Ich sitze im Rollstuhl und hadere keinen Augenblick mit meinem Schicksal. Denn alles hat seinen Sinn.
Ich hoffe mit diesen Gedichten die Herzen meiner Leser erreicht zu haben. Ich wünsche allen Menschen Liebe und Segen im Leben.

Nayalavee

(Martina Herbig)

Weitere Veröffentlichungen von Martina Herbig

Gedankensprünge
ISBN: 978-3-7322-9849-5

Das Butterblümchen
ISBN: 978-3-7357-8480-3

Menschsein Sterben/Trauern/Leben
ISBN: 978-3-7347-9390-5

Spirituell sind die Anderen
ISBN: 978-3-7392-1855-7

Pilgerreise durch die Seelengärten
ISBN: 978-3-7392-3583-7

Wolkenbilder
ISBN: 978-3-8423-5607-8

Das zwölfte Kapitel
ISBN: 978-3-7431-0121-0

Der Himmel ist nah
ISBN 978-3-7568-8803-0

Bewusst gehen
ISBN 978-3-7583-7086-1

Demut heilt und befreit
ISBN 978-3-7693-1036-8

Wer mich kennen lernen möchte, darf mich auch auf meinem YouTube Kanal „Martina Herbig" besuchen.